Lia Liebherz
FREE
coloring book

Erhalte 50 kostenlose Ausmal-Seiten

Liebe Malbegeisterte, ich habe für euch ein Freebie
mit 50 meiner besten Malvorlagen erstellt, damit ihr
die Lia Liebherz Collection ausprobieren könnt.

Get 50 free coloring pages

Dear coloring enthusiasts, I've created a freebie for
you with 50 of my best coloring pages so you can
check out the Lia Liebherz Collection.

Scanne den QR-Code, um dich
für den Newsletter anzumelden und
dein Freebie zu erhalten.
Scan the QR code to sign up for the
newsletter and get your freebie.

Thank you

Hat dir das Malbuch gefallen?
Eine Bewertung unterstützt mein
kleines Unternehmen.

Vielen Dank!

Ein Malbuch von
Lia Liebherz